Impressum
Verlag: BABADADA GmbH, Nedderfeld 112 , 22529 Hamburg
Geschäftsführer / Verlagsleitung: Harald Hof
Druck: Books on Demand GmbH, In de Tarpen 42, 22848 Norderstedt

Imprint
Publisher: BABADADA GmbH, Nedderfeld 112 , 22529 Hamburg, Germany
Managing Director / Publishing direction: Harald Hof
Print: Books on Demand GmbH, In de Tarpen 42, 22848 Norderstedt

school

de School

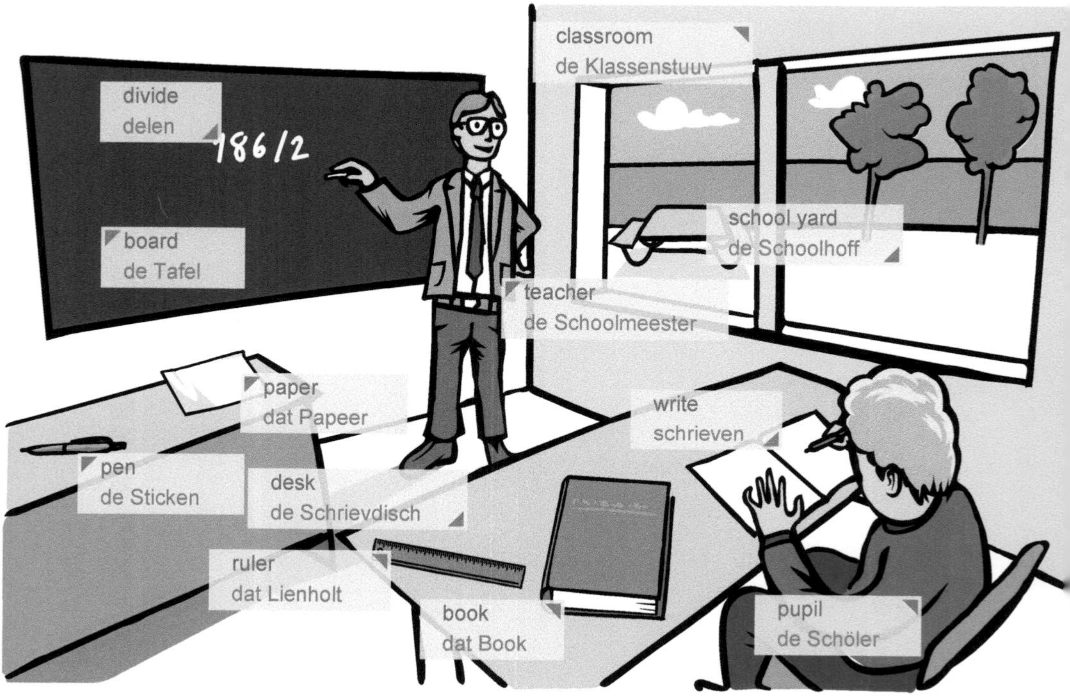

classroom
de Klassenstuuv
divide
delen
186/2
board
de Tafel
school yard
de Schoolhoff
teacher
de Schoolmeester
paper
dat Papeer
write
schrieven
pen
de Sticken
desk
de Schrievdisch
ruler
dat Lienholt
book
dat Book
pupil
de Schöler

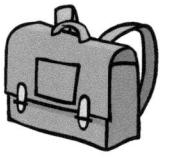

satchel

de Ranzel

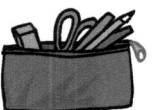

pencil case

de Feddermapp

pencil

de Bleesticken

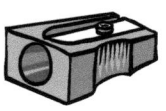

pencil sharpener

de Scharpmaker

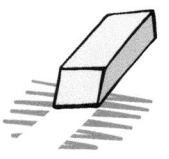

rubber

dat Radeergummi

drawing pad

de Tekenblock

drawing

de Teken

paintbrush

de Pinsel

paint box

de Malkassen

scissors

de Scheer

glue

de Klever

exercise book

dat Heft to'n Öven

homework

de Huusopgaav

12

number

de Tall

2+2

add

tohooptellen

5-2

subtract

aftrecken

2×2

multiply

malnehmen

calculate

reken

A

letter

de Bookstaav

ABCDEFG
HIJKLMN
OPQRSTU
VWXYZ

alphabet

dat ABC

hello

word

dat Woort

text
....
de Text

read
....
lesen

chalk
....
de Kried

lesson
....
de Stunn

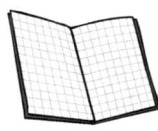

register
....
dat Klassenbook

exam
....
de Pröven

certificate
....
dat Tüügnis

school uniform
....
de Schooluniform

education
....
de Utbillen

encyclopedia
....
dat Nakieksel

university
....
de Universität

microscope
....
dat Mikroskop

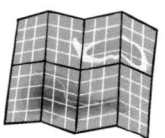

map
....
de Koort

waste-paper basket
....
de Papeerkorf

travel
de Törn

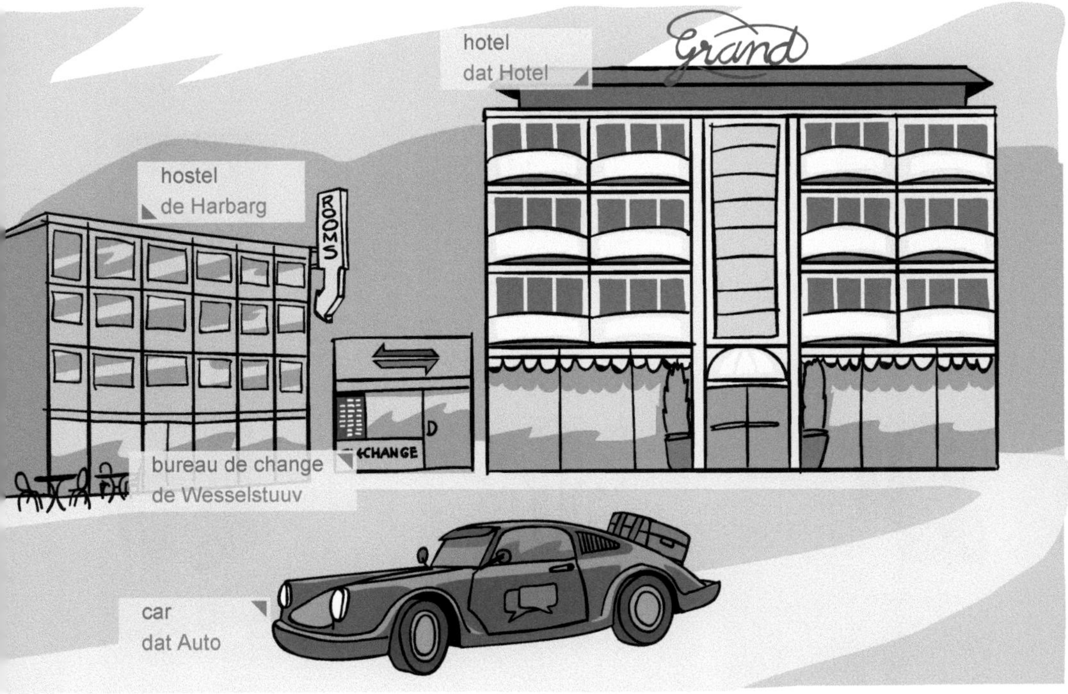
hotel
dat Hotel
Grand
hostel
de Harbarg
ROOMS
bureau de change
de Wesselstuuv
car
dat Auto

language
de Spraak

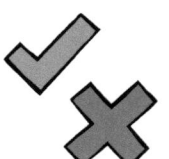

yes / no
jo / ne

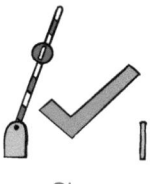

Okay
Jo

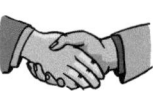

hello
Moin

translator
de Översetter

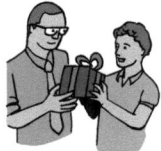

Thank you
Dank ok

how much is…?

Wat kost…?

I do not understand

Ik verstah nich

problem

dat Problem

Good evening!

Goden Avend

Good morning!

Moin!

Good night!

Gode Nacht!

bye bye

Tschüüs

direction

de Richt

luggage

de Bagaasch

bag

de Tasch

backpack

de Rüchsack

guest

de Gast

room

de Stuuv

sleeping bag

de Slaapsack

tent

dat Telt

tourist information

de Touristeninformatschoon

beach

de Strand

credit card

de Kreditkoort

breakfast

dat Fröhstück

lunch

dat Meddageten

dinner

dat Avendeten

ticket

de Fohrkort

lift

de Fohrstohl

stamp

de Breefmark

border

de Grenz

customs

de Toll

embassy

de Bottschop

visa

dat Visum

passport

de Pass

transport
de Transport

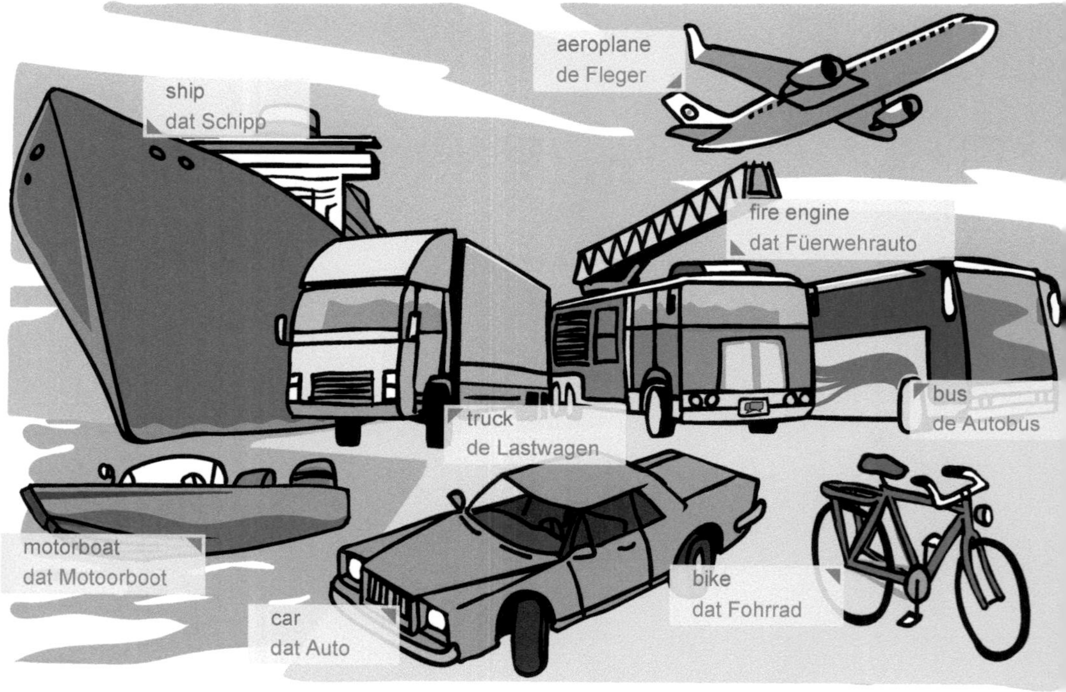
aeroplane
de Fleger
ship
dat Schipp
fire engine
dat Füerwehrauto
bus
de Autobus
truck
de Lastwagen
motorboat
dat Motoorboot
bike
dat Fohrrad
car
dat Auto

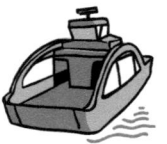

ferry
de Fähr

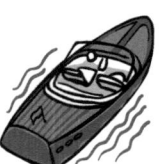

boat
dat Boot

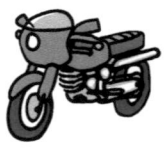

motorbike
dat Motoorrad

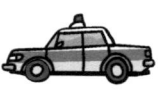

police car
dat Polizeiauto

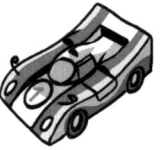

racing car
dat Rönnauto

rental car
de Lehnwagen

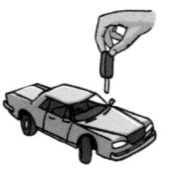

car sharing

dat Carsharing

breakdown truck

de Afsleepwagen

refuse truck

dat Müllauto

motor

de Motoor

fuel

de Kraftstoff

petrol station

de Tanksteed

traffic sign

dat Verkehrsschild

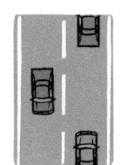

traffic

de Verkehr

traffic jam

de Stau

car park

de Afstellplatz

train station

de Bahnhoff

tracks

de Sporen

train

de Tog

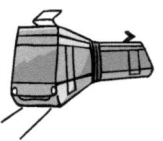

tram

de Stratenbahn

carriage

de Wagon

helicopter

de Dwarsmöhl

airport

de Flooghaven

tower

de Tower

passenger

de Fohrgast

container

de Grootkist

carton

de Karton

cart

de Koor

basket

de Korf

take off / land

starten / lannen

city

de Stadt

village

dat Dörp

city centre

de Binnenstadt

house

dat Huus

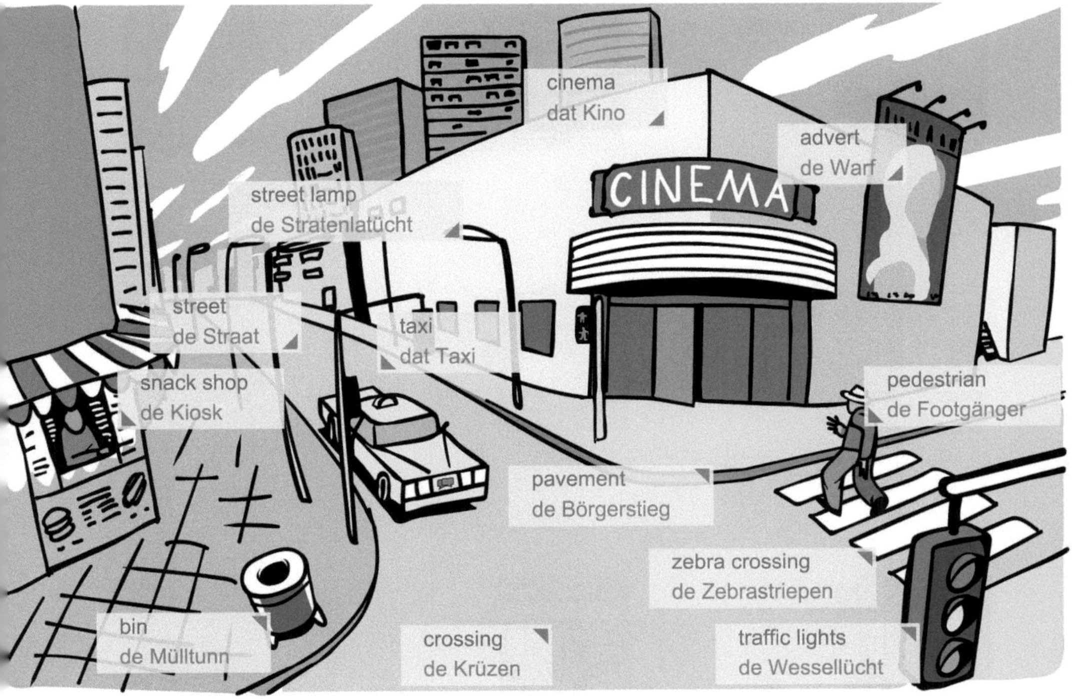

cinema
dat Kino
advert
de Warf
CINEMA
street lamp
de Stratenlatücht
street
de Straat
taxi
dat Taxi
snack shop
de Kiosk
pedestrian
de Footgänger
pavement
de Börgerstieg
zebra crossing
de Zebrastriepen
bin
de Mülltunn
crossing
de Krüzen
traffic lights
de Wessellücht

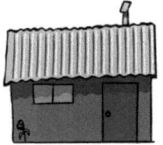

hut

de Hütt

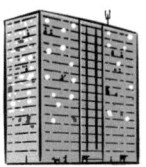

flat

de Wahnung

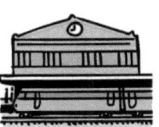

train station

de Bahnhoff

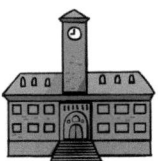

town hall

dat Raathuus

MUSEUM

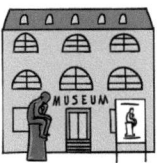

museum

dat Museum

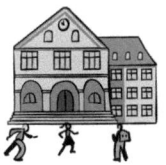

school

de School

university

de Universität

bank

de Bank

hospital

dat Krankenhuus

hotel

dat Hotel

pharmacy

de Afteek

office

dat Büro

book shop

de Bookhökerie

shop

de Hökerie

florist's

de Blomenhökerie

supermarket

de Supermarkt

market

de Markt

department store

dat Koophuus

fishmonger's

de Fischhökerie

shopping centre

dat Inkoopszentrum

harbour

de Haven

city - de Stadt

park

de Parkanlaag

bench

de Bank

bridge

de Brüch

stairs

de Trepp

underground

de Ünnergrundbahn

tunnel

de Tunnel

bus stop

de Busstoppsteed

bar

de Bar

restaurant

dat Spieslokal

postbox

de Breefkassen

street sign

dat Stratenschild

parking meter

de Parkklock

zoo

de Deertenpark

swimming pool

de Baadanstalt

mosque

de Moschee

farm

de Buernhoff

pollution

de Ümweltversmudden

graveyard

de Karkhoff

church

de Kark

playground

de Speelplatz

temple

de Tempel

landscape
de Landschop

signpost
de Wiespahl

way
de Weg

meadow
de Wisch

stone
de Steen

hiker
de Wannerer

tree
de Boom

river
de Fluss

grass
dat Gras

flower
de Bloom

valley

dat Daal

hill

de Barg

lake

de See

forest

dat Holt

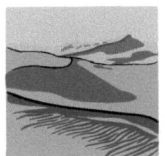

desert

de Wööst

volcano

de Füerspien Barg

castle

dat Slott

rainbow

de Regenbagen

mushroom

de Poggenstohl

palm tree

de Palm

mosquito

de Steekmück

fly

de Fleeg

ant

de Miegeemk

bee

de Imm

spider

de Spinn

beetle

de Sebber

frog

de Pogg

squirrel

de Katteker

hedgehog

de Swienegel

hare

de Haas

owl

de Uul

bird

de Vagel

swan

de Swaan

boar

dat Wildswien

deer

de Hirsch

moose

de Elk

dam

de Staudamm

wind turbine

dat Windrad

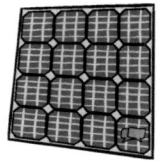

solar panel

dat Solarmodul

climate

dat Klima

landscape - de Landschop

restaurant

dat Spieslokal

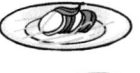

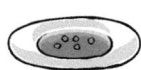

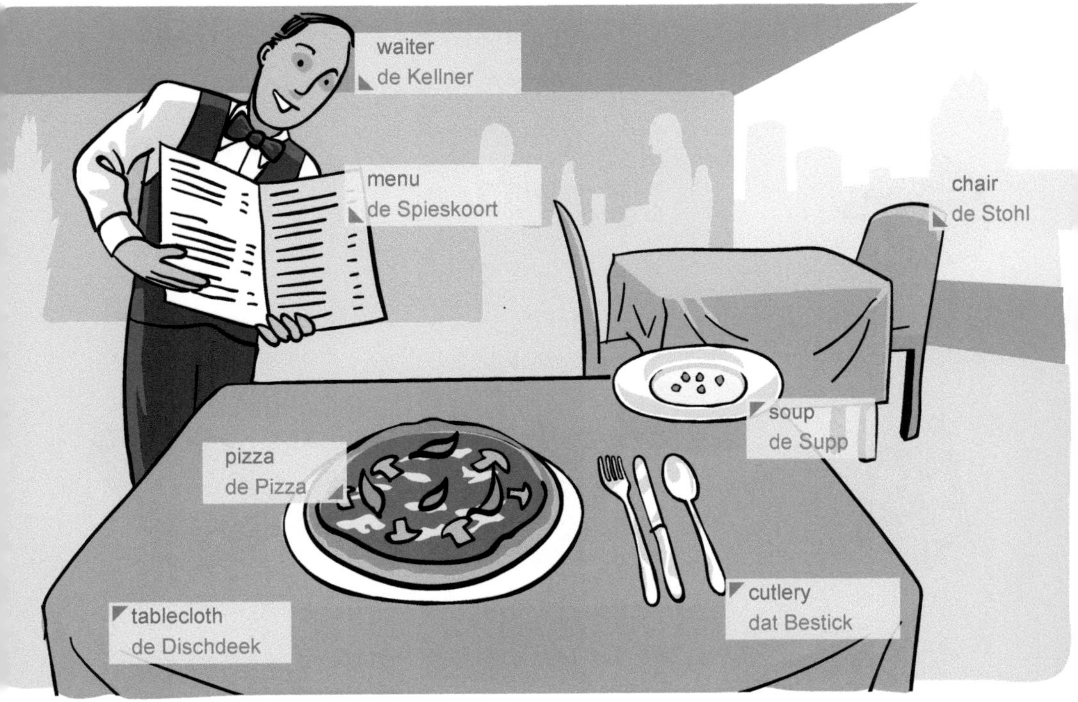
waiter
de Kellner
menu
de Spieskoort
chair
de Stohl
soup
de Supp
pizza
de Pizza
cutlery
dat Bestick
tablecloth
de Dischdeek

starter

de Vörspies

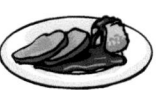

main course

dat Haupteten

dessert

de Nadisch

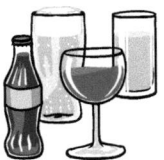

drinks

de Drünk

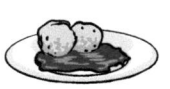

food

dat Eten

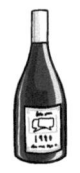

bottle

de Buddel

fast food

dat Fastfood

street food

dat Strateneten

teapot

de Teekann

sugar bowl

de Zuckerdoos

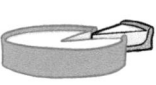

portion

de Portschoon

espresso machine

de Espressomaschien

high chair

de Hoochstohl

bill

de Reken

tray

dat Tablett

knife

dat Mess

fork

de Gavel

spoon

de Lepel

teaspoon

de Teelepel

serviette

dat Munddook

glass

dat Glas

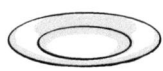

plate

de Töller

soup plate

de Suppentöller

saucer

de Ünnertass

sauce

de Sooß

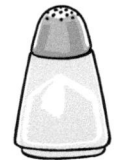

salt pot

de Soltstreuer

pepper mill

de Pepermöhl

vinegar

de Etig

oil

dat Ööl

spices

de Krüder

ketchup

de Ketchup

mustard

de Mostrich

mayonnaise

de Mayonnaise

supermarket
de Supermarkt

special offer
dat Anbott
customer
de Kunn
dairy
de Melkprodukten
fruit
dat Aaft
trolley
de Inkoopswagen

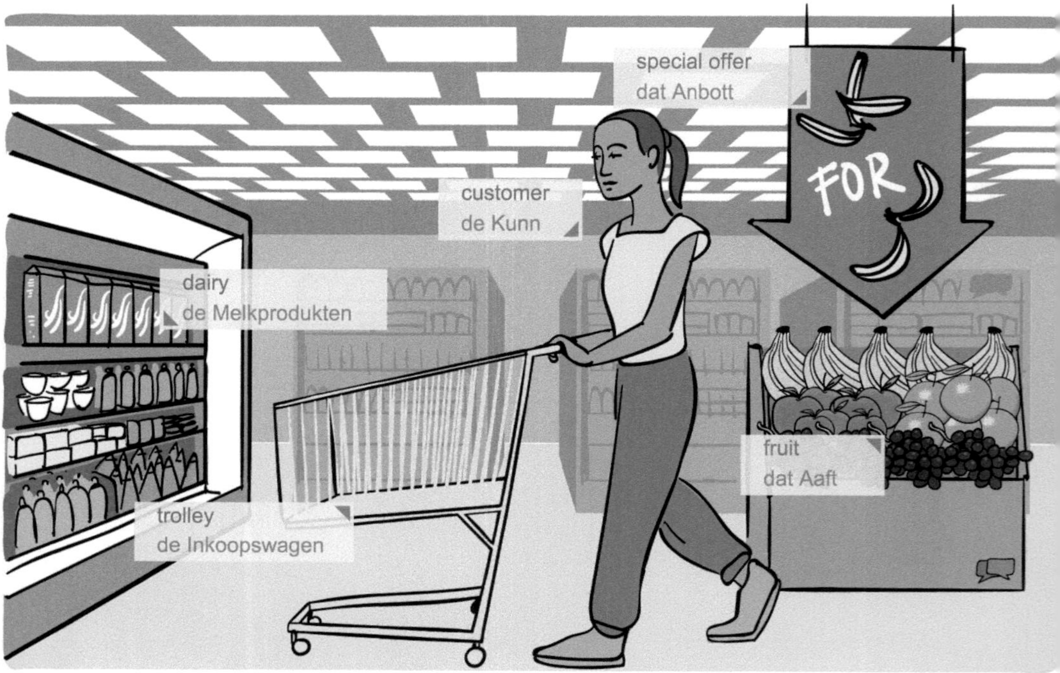

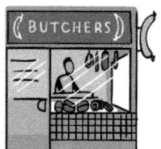

butcher´s

de Slachterie

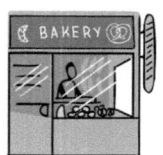

baker´s

de Bäckerie

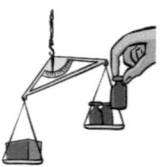

weigh

wegen

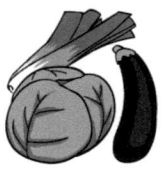

vegetables

de Gröönsaken

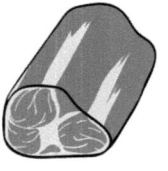

meat

dat Fleesch

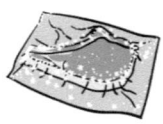

frozen food

de Deepköhlkost

cold meat

de Opsnitt

tinned food

de Konserven

washing powder

de Waschmiddel

sweets

de Snoopkraam

household products

de Huushooltssaken

cleaning products

de Reinmaaktüüch

salesperson

de Verköpersche

till

de Kass

cashier

de Kasserer

shopping list

de Inkoopslist

opening hours

de Opsparrtieden

wallet

de Breeftasch

credit card

de Kreditkoort

bag

de Tasch

plastic bag

de Plastiktüüt

water

dat Water

juice

de Saft

milk

de Melk

coke

de Cola

wine

de Wien

beer

dat Beer

alcohol

de Spriet

cocoa

de Kakao

tea

de Tee

coffee

de Koffie

espresso

de Espresso

cappuccino

de Cappucino

banana

de Banaan

apple

de Appel

orange

de Appelsien

melon

de Meloon

lemon

de Zitroon

carrot

de Wöttel

garlic

de Knuuvlook

bamboo

de Bambus

onion

de Zibbel

mushroom

de Poggenstohl

nuts

de Nööt

noodles

de Nudeln

spaghetti

de Spaghetti

rice

de Ries

salad

de Salat

chips

de Pommes frites

fried potatoes

de Braadkantüffeln

pizza

de Pizza

hamburger

de Hamborger

sandwich

dat Sandwich

cutlet

dat Snitzel

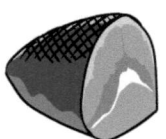

ham

de Schinken

salami

de Salami

sausage

de Wust

chicken

dat Hohn

roast

de Braden

fish

de Fisch

porridge oats

de Haverflocken

muesli

dat Müsli

cornflakes

de Cornflakes

flour

dat Mehl

croissant

de Croissant

bread roll

dat Rundstück

bread

dat Broot

toast

dat Toast

biscuits

de Keksen

butter

de Botter

curd

de Quark

cake

de Koken

egg

dat Ei

fried egg

dat Spegelei

cheese

de Kees

ice cream

de Ies

sugar

de Zucker

honey

de Honnig

jam

de Marmelaad

chocolate spread

de Nougat-Creme

curry

dat Curry

farm
de Buernhoff

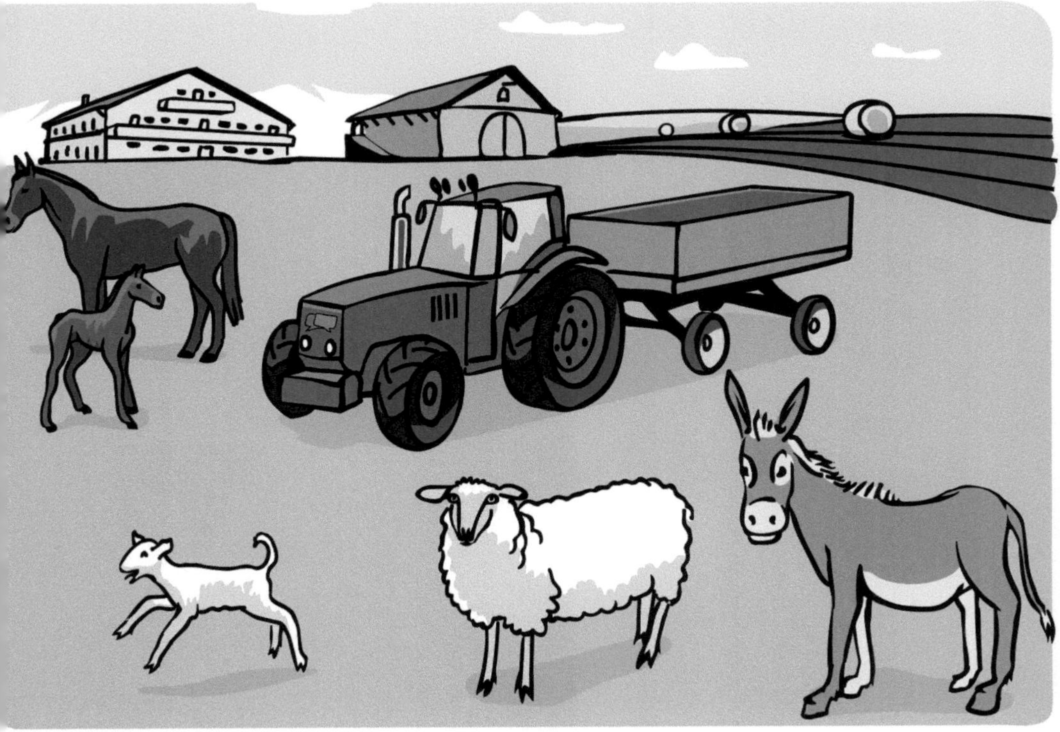

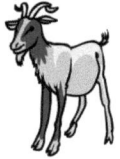

goat

de Zeeg

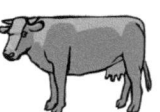

cow

de Koh

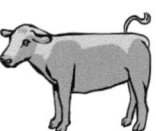

calf

dat Kalf

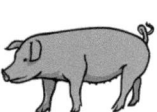

pig

dat Swien

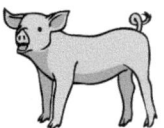

piglet

dat Farken

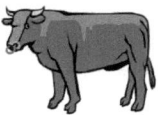

bull

de Bull

goose

de Goos

duck

de Aant

chick

dat Küken

hen

dat Hohn

cock

de Hahn

rat

de Rott

cat

de Katt

mouse

de Muus

ox

de Oss

dog

de Hund

doghouse

de Hunnenhütt

garden hose

de Goornslauch

watering can

de Geetkann

scythe

de Lee

plough

de Ploog

sickle

de Sich

hoe

de Hack

pitchfork

de Mestfork

axe

de Ext

wheelbarrow

de Schuufkoor

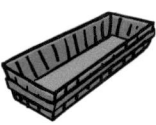

trough

de Trog

milk can

de Melkkann

sack

de Sack

fence

de Tuun

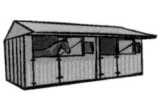

stable

de Stall

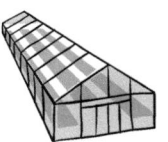

greenhouse

dat Drievhuus

soil

de Bodden

seed

de Saat

fertilizer

de Dünger

combine harvester

de Meihdöscher

harvest

oornen

harvest

de Oorn

yams

de Yamswöttel

wheat

de Weten

soy

dat Soja

potato

de Kantüffel

corn

de Törksche Weten

rapeseed

de Rapp

fruit tree

de Aaftboom

cassava

de Troopsch Kantüffel

cereals

dat Koorn

house
dat Huus

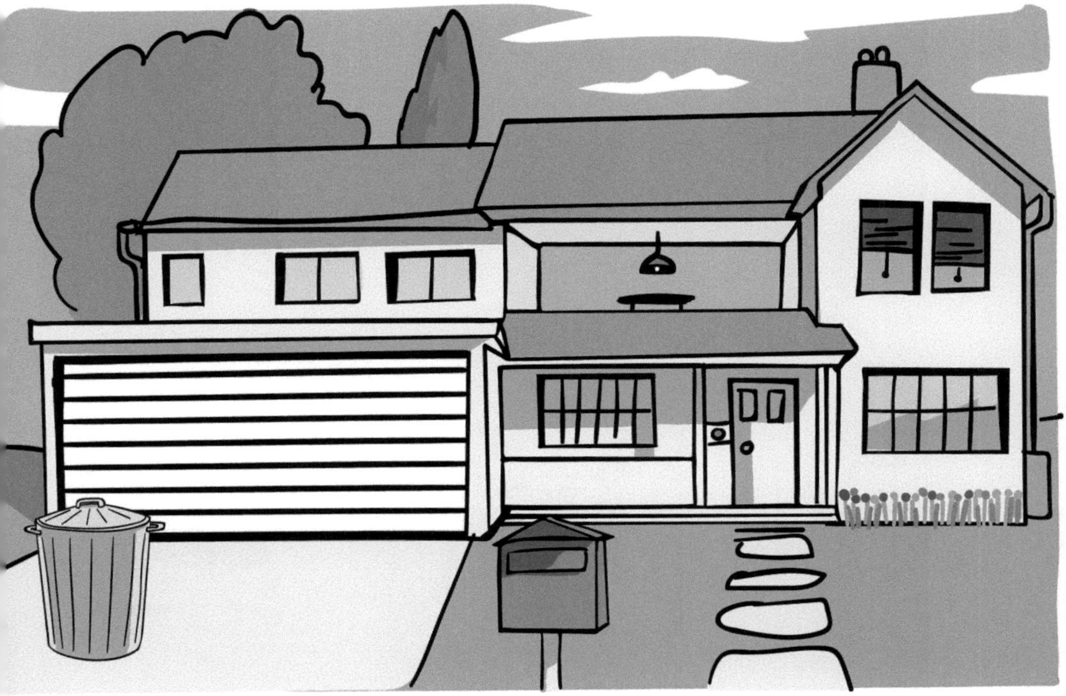

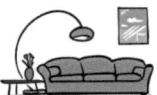

living room

de Wahnstuuv

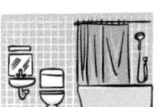

bathroom

de Baadstuuv

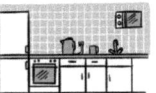

kitchen

de Köök

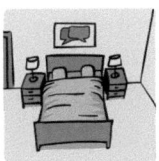

bedroom

de Slaapstuuv

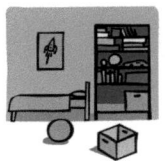

child's room

de Kinnerstuuv

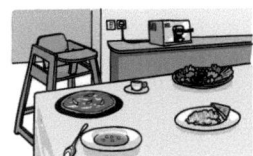

dining room

de Eetstuuv

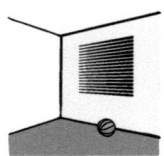

floor

de Footbodden

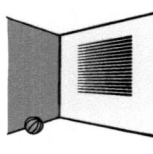

wall

de Wand

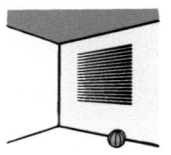

ceiling

de Deek

cellar

de Keller

sauna

dat Hittluftbad

balcony

de Balkon

terrace

de Terrass

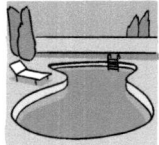

pool

dat Swümmbad

lawn mower

de Rasenmeiher

sheet

de Bettbetog

bedspread

de Bettdeek

bed

de Puuch

broom

de Bessen

bucket

de Emmer

switch

de Schalter

living room
de Wahnstuuv

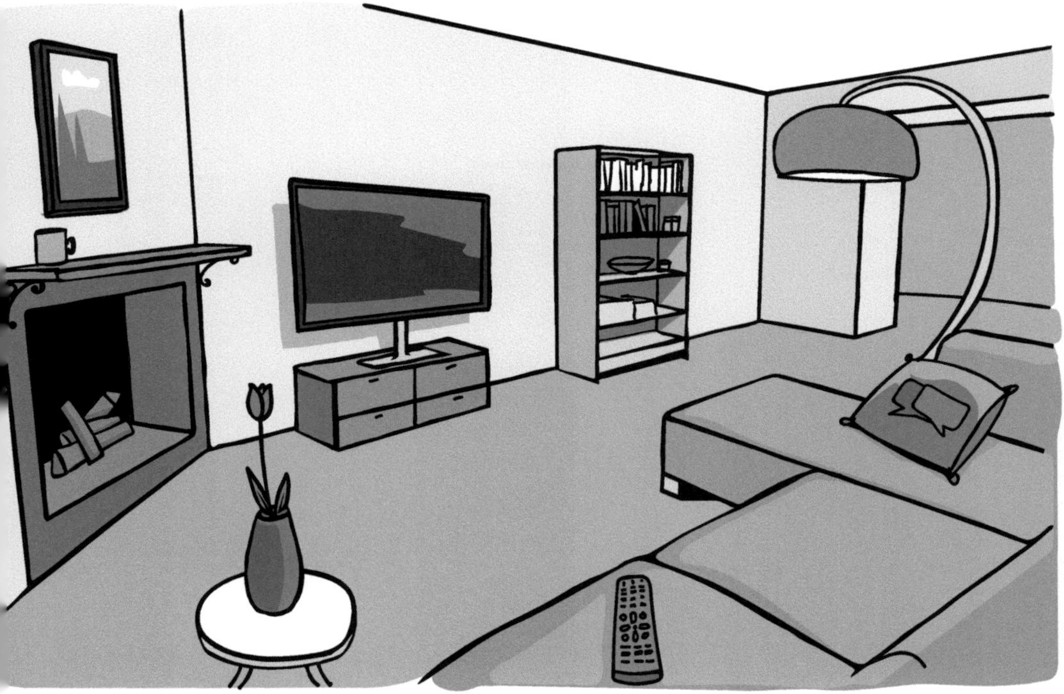

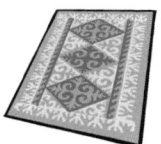

carpet

de Teppich

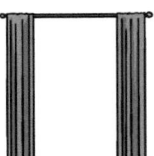

curtain

de Vörhang

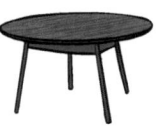

table

de Disch

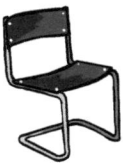

chair

de Stohl

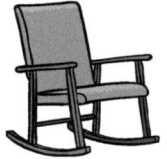

rocking chair

de Schuckelstohl

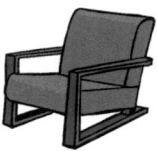

armchair

de Sessel

book

dat Book

blanket

de Deek

decoration

de Dekoratschoon

firewood

dat Füerholt

film

de Film

hi-fi equipment

de Stereoanlaag

key

de Slötel

newspaper

dat Narichtenblatt

painting

dat Gemälde

poster

dat Poster

radio

dat Radio

notepad

de Opschrievblock

hoover

de Huulbessen

cactus

de Kaktus

candle

de Kars

kitchen
de Köök

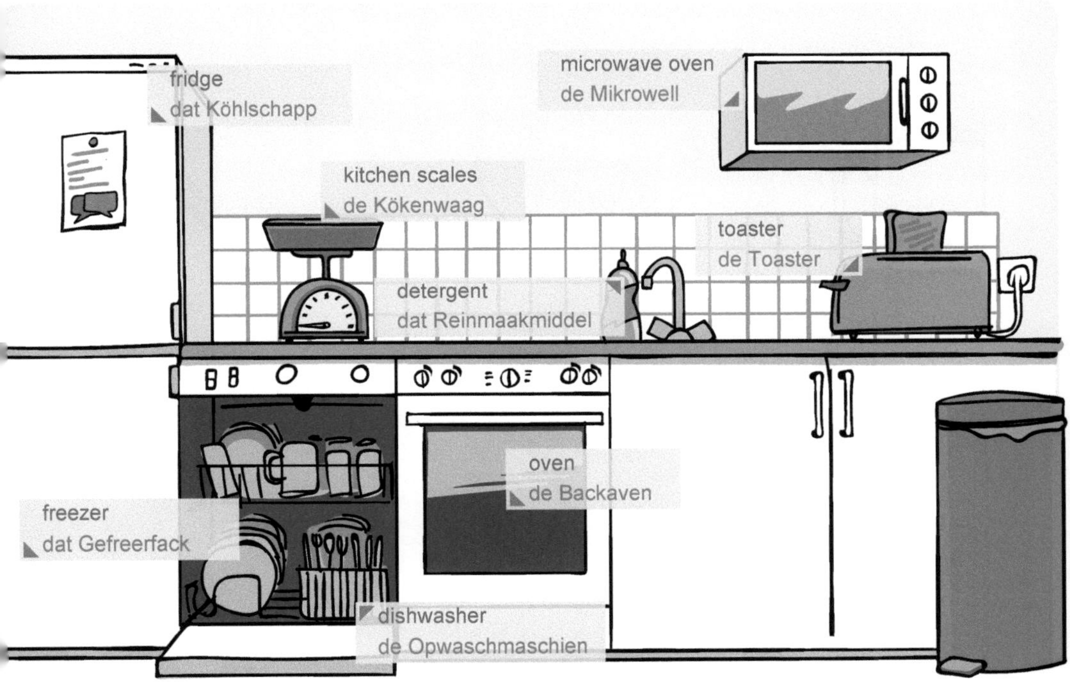
fridge
dat Köhlschapp
microwave oven
de Mikrowell
kitchen scales
de Kökenwaag
toaster
de Toaster
detergent
dat Reinmaakmiddel
oven
de Backaven
freezer
dat Gefreerfack
dishwasher
de Opwaschmaschien

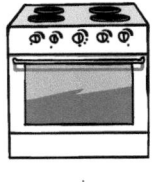

cooker
de Heerd

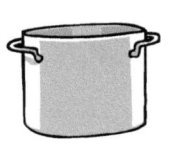

pot
de Pott

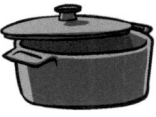

cast-iron pot
de Gussiesern Putt

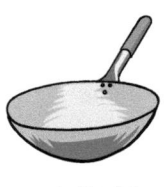

wok / kadai
de Wok / Kadai

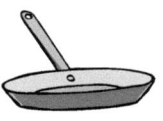

pan
de Pann

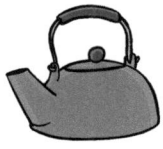

kettle
de Waterkaker

steamer

de Dampkaakputt

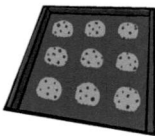

baking tray

dat Backblick

crockery

dat Geschirr

mug

de Beker

bowl

de Schaal

chopsticks

de Eetsticken

ladle

de Suppenkell

spatula

de Pannenwenner

whisk

de Sneebessen

strainer

dat Kaakseef

sieve

dat Seef

grater

de Riev

mortar

de Mörser

barbecue

de Grill

open fire

de Füerstell

chopping board

dat Sniedbrett

rolling pin

dat Nudelholt

corkscrew

de Proppentrecker

can

de Doos

can opener

de Dosenaapner

pot holder

de Pottlappen

sink

dat Waschbecken

brush

de Böst

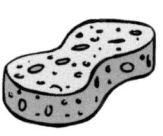

sponge

de Swamm

blender

de Mixer

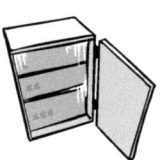

deep freezer

dat Iesschapp

baby bottle

de Nuckelbuddel

tap

de Waterhahn

bathroom

de Baadstuuv

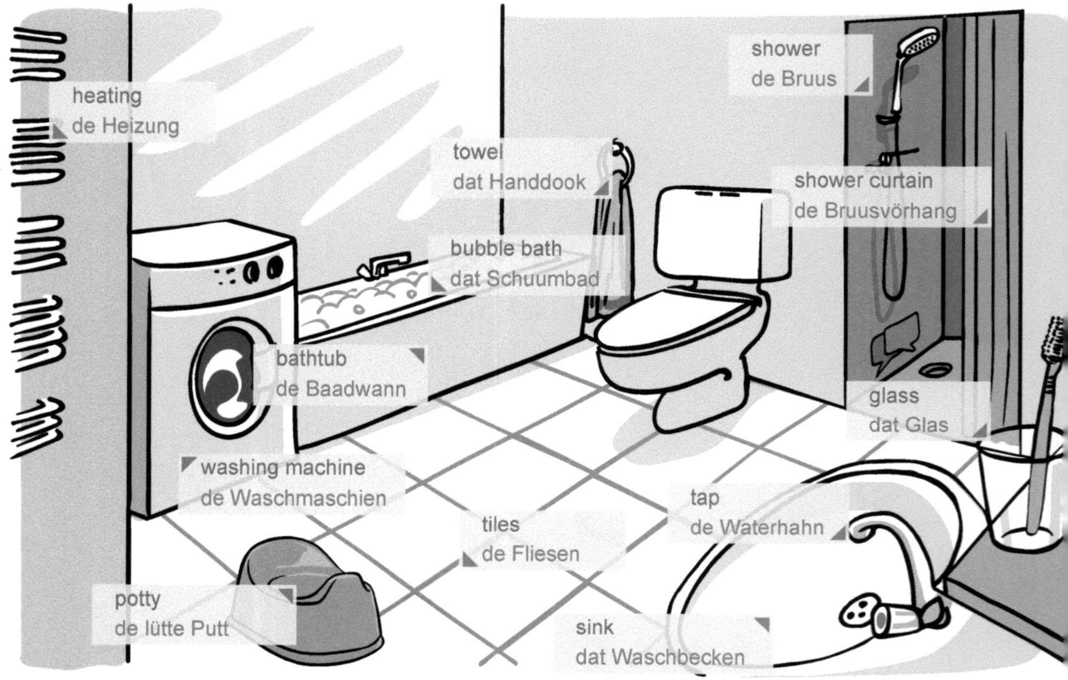
heating
de Heizung
towel
dat Handdook
shower
de Bruus
shower curtain
de Bruusvörhang
bubble bath
dat Schuumbad
bathtub
de Baadwann
washing machine
de Waschmaschien
glass
dat Glas
tap
de Waterhahn
tiles
de Fliesen
potty
de lütte Putt
sink
dat Waschbecken

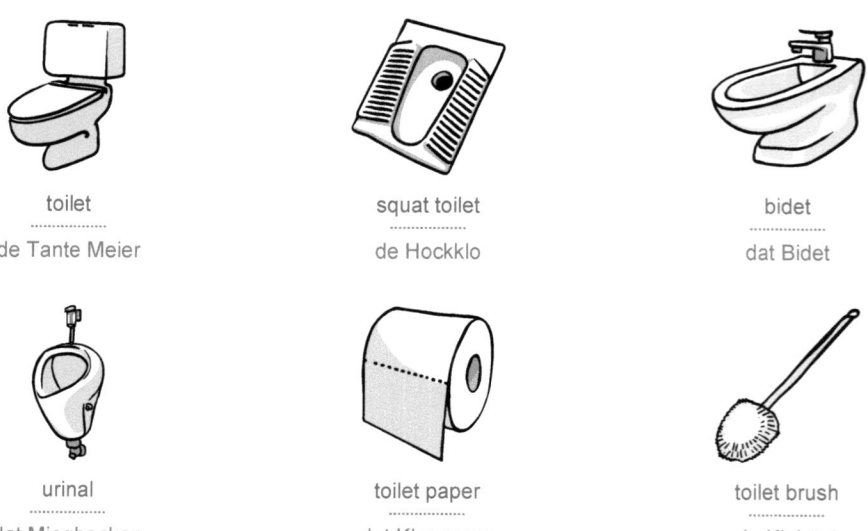

toilet

de Tante Meier

squat toilet

de Hockklo

bidet

dat Bidet

urinal

dat Miegbecken

toilet paper

dat Klopapeer

toilet brush

de Kloböst

toothbrush

de Tähnböst

toothpaste

de Tähnpast

dental floss

de Tähnsied

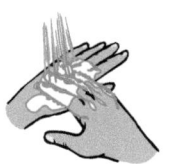

wash

waschen

handheld shower

de Handbruus

douche

de Intimbruus

basin

de Waschschöttel

back brush

de Rüchböst

soap

de Seep

shower gel

dat Bruusgeel

shampoo

dat Hoorwaschmiddel

flannel

de Waschlappen

drain

de Afloop

cream

de Creme

deodorant

dat Deodorant

mirror

de Spegel

hand mirror

de Kosmetikspegel

razor

de Raserer

shaving foam

de Raseerschuum

aftershave

dat Raseerwater

comb

de Kamm

brush

de Böst

hair dryer

de Hoordröger

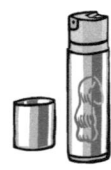

hairspray

dat Hoorspray

makeup

de Smink

lipstick

de Lippensticken

nail varnish

de Nagellack

cotton wool

de Watt

nail scissors

de Nagelscheer

perfume

dat Rüükwater

washbag

de Kulturbüdel

stool

de Schemel

weighing scale

de Waag

bathrobe

de Baadmantel

rubber gloves

de Gummihanschen

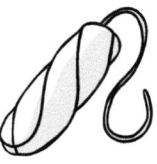

tampon

de Tampon

sanitary towel

de Damenbinn

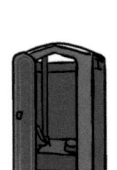

chemical toilet

dat Chemieklo

child's room

de Kinnerstuuv

alarm clock
de Wecker
cuddly toy
dat Knudeldeert
toy car
dat Speeltüüchauto
rattle
de Klöter
doll's house
dat Poppenhuus
present
dat Geschenk

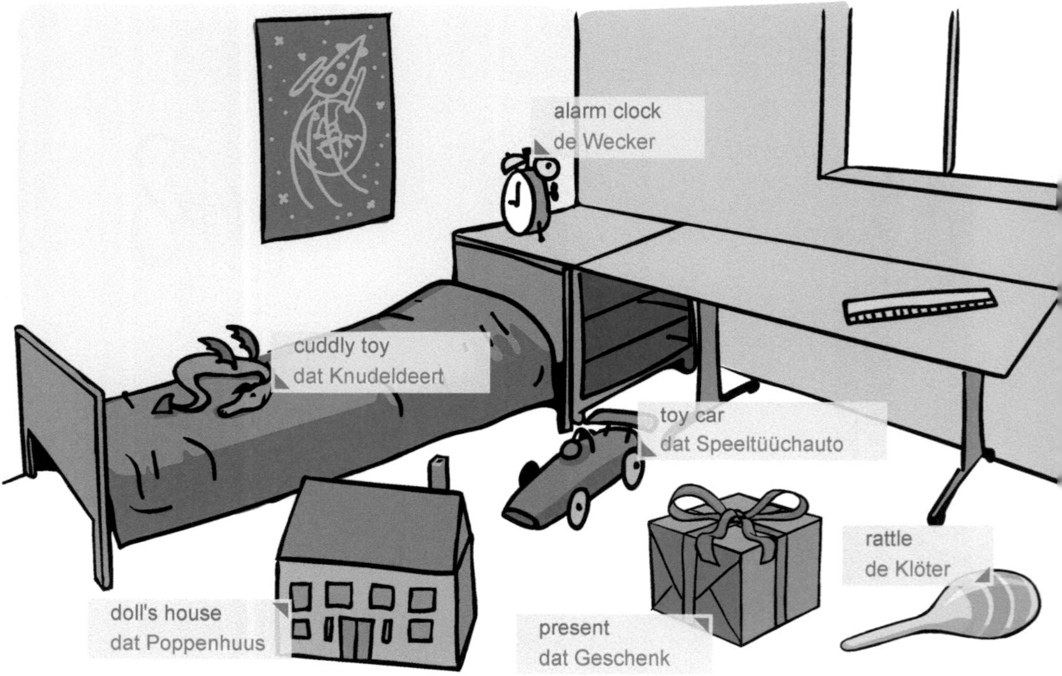

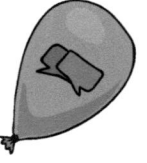

balloon

de Luftballon

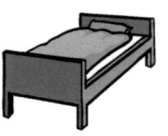

bed

de Puuch

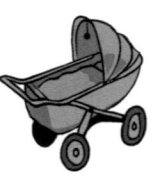

pram

de Kinnerwagen

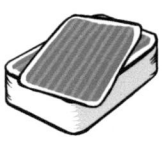

deck of cards

dat Koortenspeel

jigsaw

dat Puzzle

SUPER
MEGA

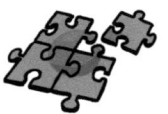

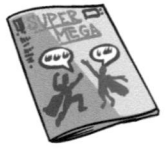

comic

de Billergeschicht

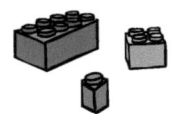

lego bricks

de Legostenen

building blocks

de Bustenen

action figure

de Action-Figur

babygrow

de Strampelantog

frisbee

de Frisbeeschiev

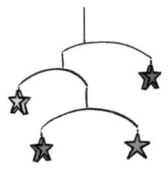

mobile

dat Mobile

board game

dat Brettspeel

dice

de Wörpel

model train set

de Modelliesenbahn

dummy

de Snuller

party

de Party

picture book

dat Billerbook

ball

de Ball

doll

de Popp

play

spelen

sandpit

de Sandkassen

swing

de Schuckel

toys

dat Speeltüüch

video game console

de Speelkonsool

tricycle

dat Dreerad

teddy bear

de Teddyboor

wardrobe

dat Klederschapp

clothing
dat Tüüch

socks

de Socken

stockings

de Strümp

tights

de Strumpbüx

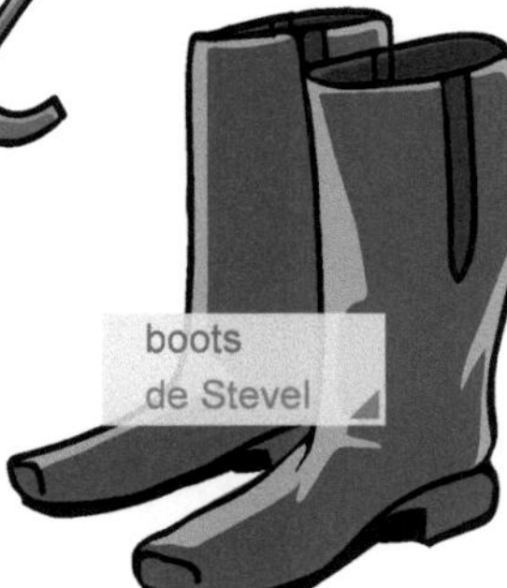

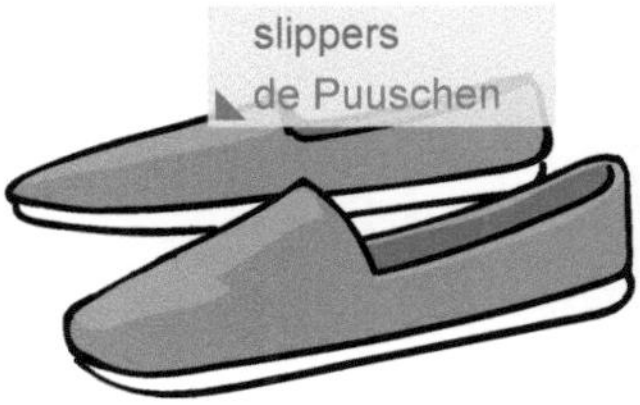

scarf
dat Halsdook

belt
de Liefreem

umbrella
de Paraplü

t-shirt
dat T-Shirt

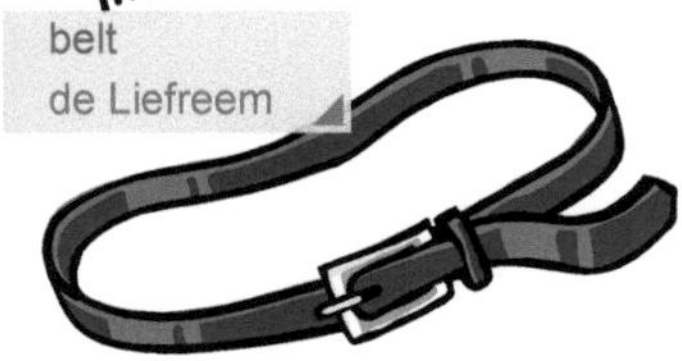

trainers
de Turnschoh

boots
de Stevel

slippers
de Puuschen

sandals
de Sandalen

shoes
de Schoh

rubber boots
de Gummistevel

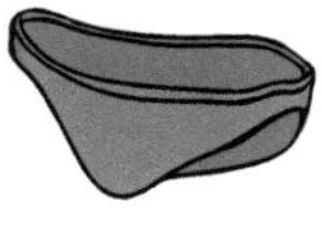

underpants
de Ünnerbüx

bra
de Bostholler

vest
dat Ünnerhemd

clothing - dat Tüüch

body

de Lief

trousers

de Büx

jeans

de Jeansnüx

skirt

de Rock

blouse

de Bluus

shirt

dat Hemd

pullover

de Pullover

hoodie

de Kapuzenpullover

blazer

de Blazer

jacket

de Jack

coat

de Mantel

raincoat

de Övertrecker

costume

dat Kostüm

dress

dat Kleed

wedding dress

dat Hochtietskleed

suit

de Antog

nightgown

dat Nachtkleed

pyjamas

de Slaapantog

sari

de Sari

headscarf

dat Koppdook

turban

de Turban

burqa

de Burka

kaftan

de Kaftan

abaya

de Abaya

swimsuit

de Baadantog

trunks

de Baadbüx

shorts

de Korte Büx

tracksuit

de Antog to'n Öven

apron

de Schört

gloves

de Handschoh

clothing - dat Tüüch

47

button

de Knopp

glasses

de Brill

bracelet

dat Armband

necklace

de Halskeed

ring

de Ring

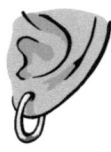

earring

de Ohrbummel

cap

de Mütz

coat hanger

de Klederbögel

hat

de Hoot

tie

de Binner

zip

de Rietslüter

helmet

de Helm

braces

dat Drachtband

school uniform

de Schooluniform

uniform

de Uniform

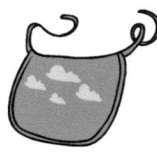

bib

de Severböten

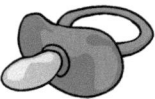

dummy

de Snuller

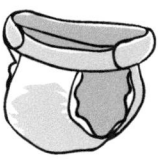

nappy

de Winnel

office

dat Büro

server
de Server
filing cabinet
dat Aktenschapp
printer
de Drucker
paper
dat Papeer
monitor
de Bildschirm
mouse
de Muus
desk
de Schrievdisch
folder
de Orner
keyboard
dat Knoopboord
waste-paper basket
de Papeerkorf
computer
de Computer
chair
de Stohl

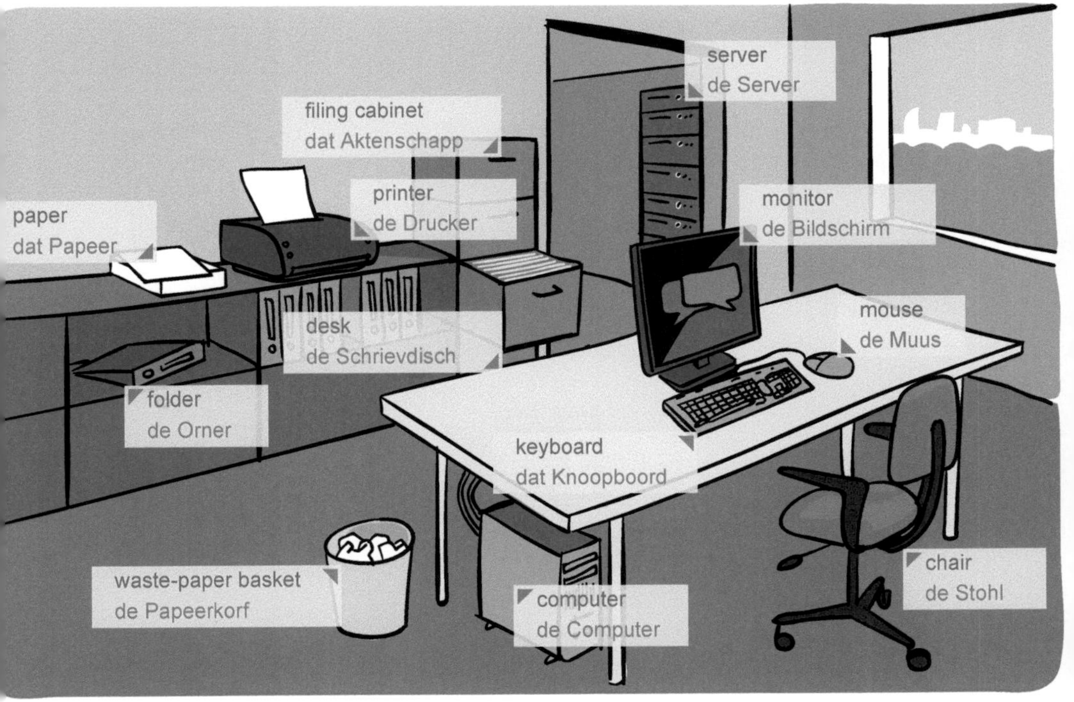

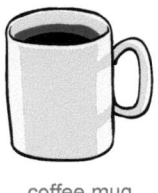

coffee mug

de Koffiebeker

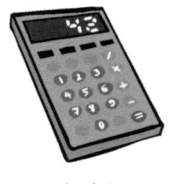

calculator

de Taschenreekner

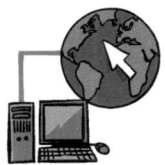

internet

dat Internet

laptop

de Klappreekner

letter

de Breef

message

de Naricht

mobile

de Ackersnacker

network

dat Nettwark

photocopier

de Kopeerapparat

software

de Software

telephone

de Klöönkassen

plug socket

de Steekdoos

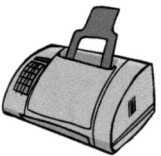

fax machine

de Faxapparat

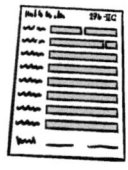

form

dat Formulor

document

dat Dokument

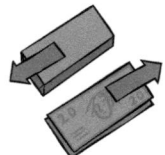

buy

köpen

pay

betahlen

trade

hanneln

money

dat Geld

dollar

de Dollar

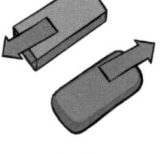

euro

de Euro

yen

de Yen

rouble

de Ruvel

Swiss franc

de Swiezer Franken

renminbi yuan

de Renminbi Yuan

rupee

de Rupie

cashpoint

de Geldautomat

bureau de change

de Wesselstuuv

gold

dat Gold

silver

dat Sülver

oil

dat Ööl

energy

de Energie

price

de Pries

contract

de Verdrag

tax

de Stüer

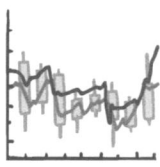

stock

de Andeelschien

work

arbeiden

employee

de Anstellte

employer

de Arbeitgever

factory

de Fabrik

shop

de Hökerie

occupations
de Profeschonen

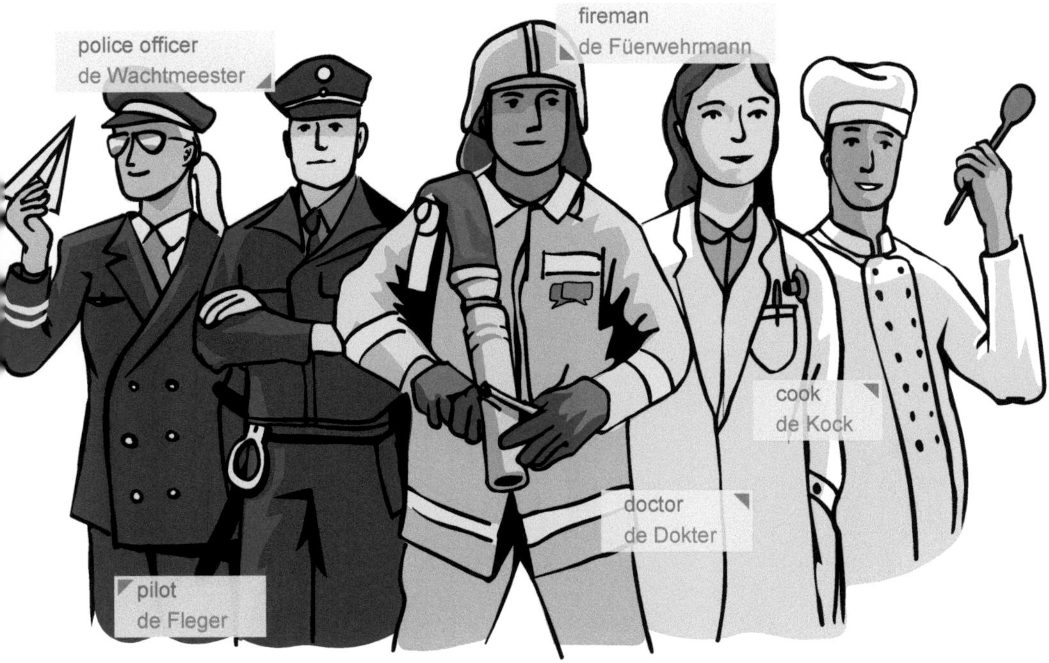
police officer
de Wachtmeester
fireman
de Füerwehrmann
cook
de Kock
doctor
de Dokter
pilot
de Fleger

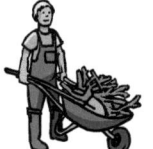

gardener

de Goorner

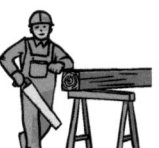

carpenter

de Discher

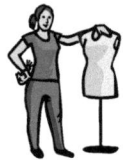

seamstress

de Neihersche

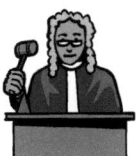

judge

de Richter

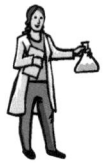

chemist

de Chemiker

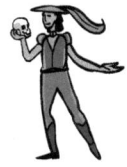

actor

de Schauspeler

bus driver

de Busfohrer

taxi driver

de Taxifohrer

fisherman

de Fischer

cleaning lady

de Reinmaakfru

roofer

de Dackdecker

waiter

de Kellner

hunter

de Jäger

painter

de Maler

baker

de Bäcker

electrician

de Elektriker

builder

de Buarbeider

engineer

de Ingenieur

butcher

de Slachter

plumber

de Klempner

postman

de Postbüdel

soldier

de Suldat

architect

de Architekt

cashier

de Kasserer

florist

de Florist

hairdresser

de Putzbüdel

conductor

de Schaffner

mechanic

de Mechaniker

captain

de Kaptein

dentist

de Tähndokter

scientist

de Wetenschopler

rabbi

de Rabbi

imam

de Imam

monk

de Mönk

clergyman

de Paap

tools
dat Warktüüch

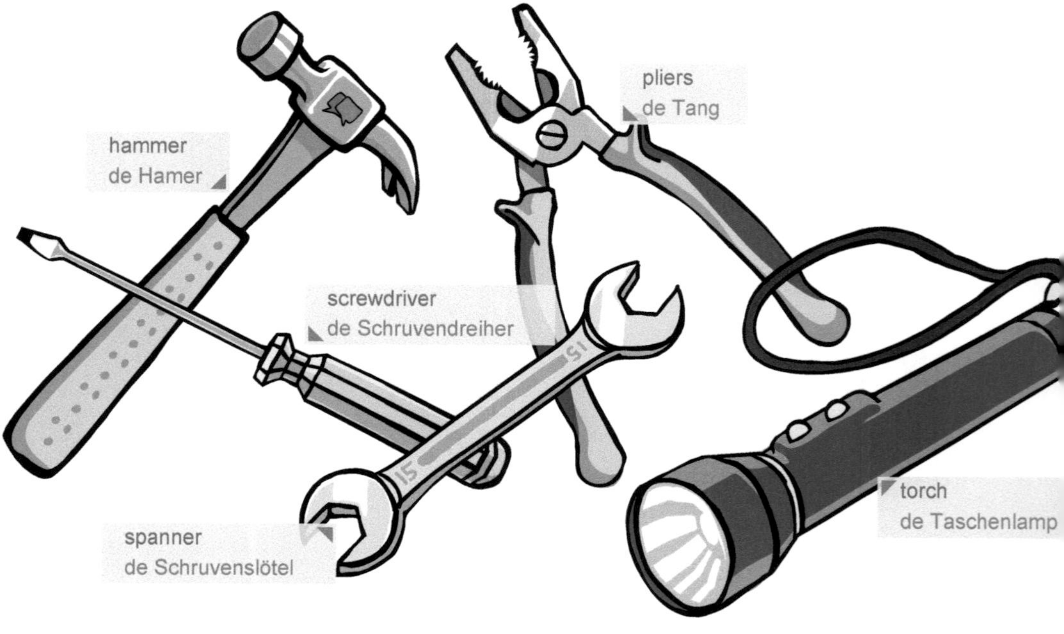

hammer
de Hamer
pliers
de Tang
screwdriver
de Schruvendreiher
spanner
de Schruvenslötel
torch
de Taschenlamp

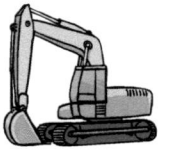

digger

de Grieper

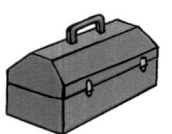

toolbox

de Warktüüchkassen

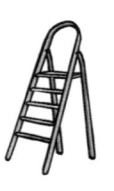

ladder

de Ledder

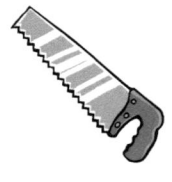

saw

de Saag

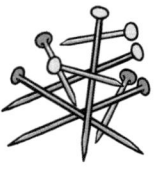

nails

de Nagels

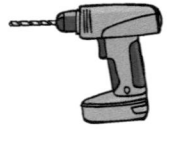

drill

de Bohrer

repair

heelmaken

shovel

de Schüffel

Damn!

Schiet!

dustpan

dat Kehrblick

paint pot

de Farvpott

screws

de Schruven

musical instruments
de Musikinstrumenten

loudspeaker
de Luutsnacker

drum kit
dat Slagtüüch

guitar
de Rietfiedel

double bass
de Bass-Vigelien

trumpet
de Trumpeet

piano

dat Klaveer

violin

de Vigelien

bass

de Bass

timpani

de Pauk

drums

de Trummeln

keyboard

dat Keyboard

saxophone

dat Saxophon

flute

de Fleut

microphone

dat Mikrofoon

zoo

de Deertenpark

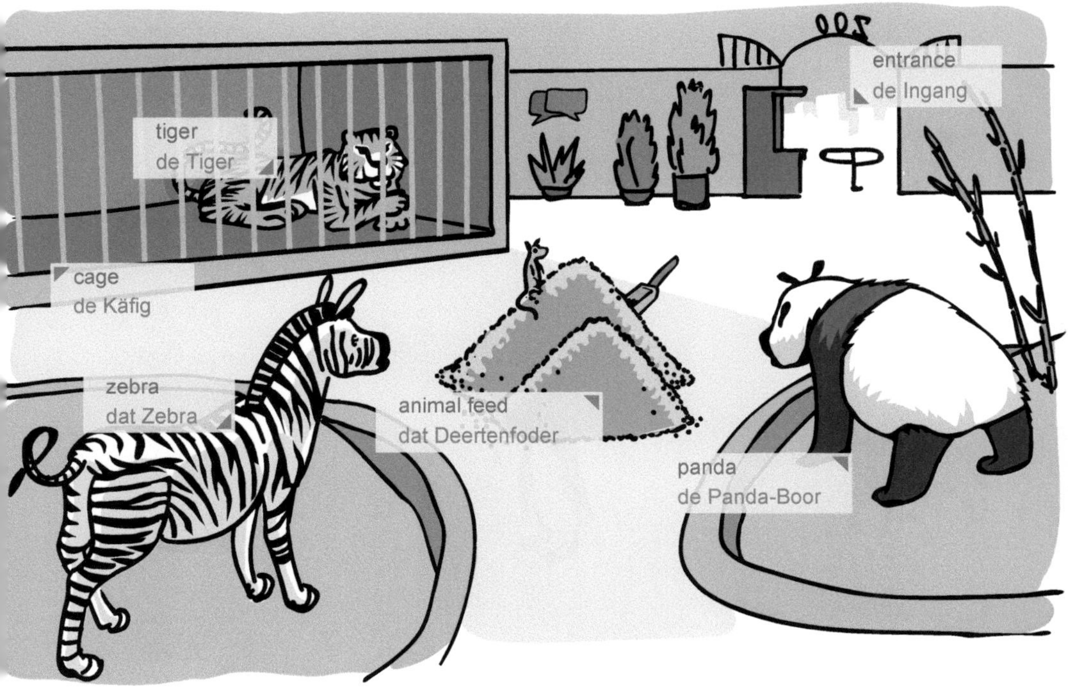

tiger
de Tiger
entrance
de Ingang
cage
de Käfig
zebra
dat Zebra
animal feed
dat Deertenfoder
panda
de Panda-Boor

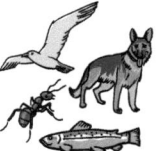

animals
de Deerten

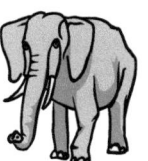

elephant
de Elefant

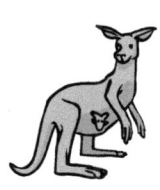

kangaroo
dat Känguru

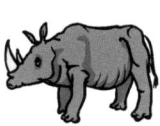

rhino
dat Neeshoorn

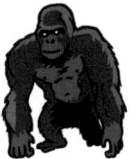

gorilla
de Gorilla

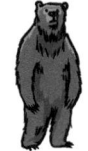

bear
de Boor

camel

dat Kameel

ostrich

de Struuß

lion

de Lööv

monkey

de Aap

flamingo

de Flamingo

parrot

de Papagoi

polar bear

de Iesboor

penguin

de Pinguin

shark

de Haifisch

peacock

de Pageluun

snake

de Slang

crocodile

dat Krokodil

zookeeper

de Oppasser in'n
Deertenpark

seal

de Saalhund

jaguar

de Jaguor

zoo - de Deertenpark

pony

dat Pony

leopard

de Leopard

hippo

dat Nilpeerd

giraffe

de Giraff

eagle

de Aadler

boar

dat Wildswien

fish

de Fisch

turtle

de Schildkrööt

walrus

dat Walross

fox

de Voss

gazelle

de Gazell

American football
de Amerikaansch Football

cycling
dat Radfohren

tennis
dat Tennis

basketball
de Korfball

swimming
dat Swümmen

boxing
dat Boxen

ice hockey
dat Ieshockey

football
de Football

badminton
dat Fedderball

athletics
de Leichtathletik

handball
de Handball

skiing
dat Skilopen

polo
dat Polo

activities
de Aktivitäten

laugh
lachen
jump
springen
hug
ümarmen
walk
gahn
sing
singen
dream
drömen
pray
beden
kiss
snuteln

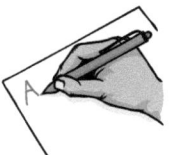

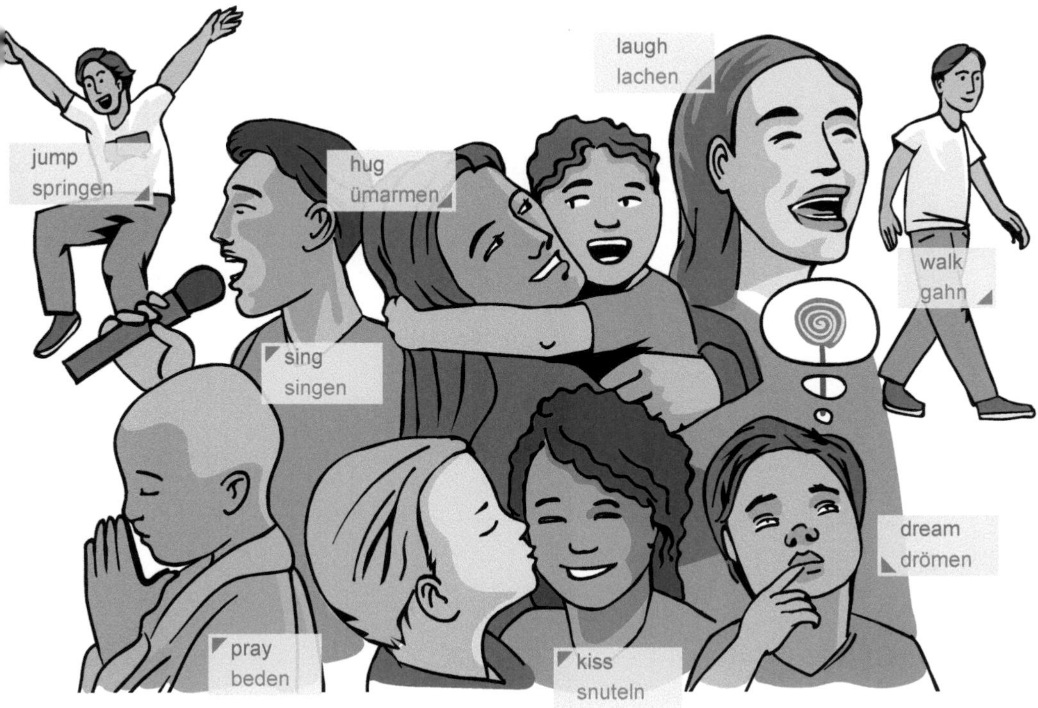

write
schrieven

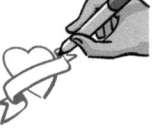

draw
teken

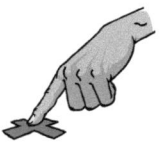

show
wiesen

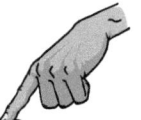

push
drücken

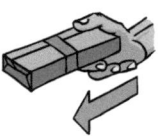

give
geven

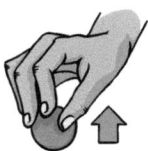

take
nehmen

have

hebben

do

doon

be

sien

stand

stahn

run

lopen

pull

trecken

throw

smieten

fall

fallen

lie

liggen

wait

töven

carry

dregen

sit

sitten

get dressed

antrecken

sleep

slapen

wake up

opwaken

activities - de Aktivitäten

look at

ankieken

cry

wenen

stroke

eien

comb

kämmen

talk

snacken

understand

verstahn

ask

fragen

listen

hören

drink

drinken

eat

eten

tidy up

oprümen

love

leefhebben

cook

kaken

drive

fohren

fly

flegen

sail

segeln

calculate

reken

read

lesen

learn

lehren

work

arbeiden

marry

de Plünnen tohoopsmieten

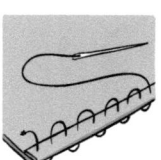

sew

neihen

brush teeth

Tähnen putzen

kill

dootmaken

smoke

smöken

send

schicken

family
de Familje

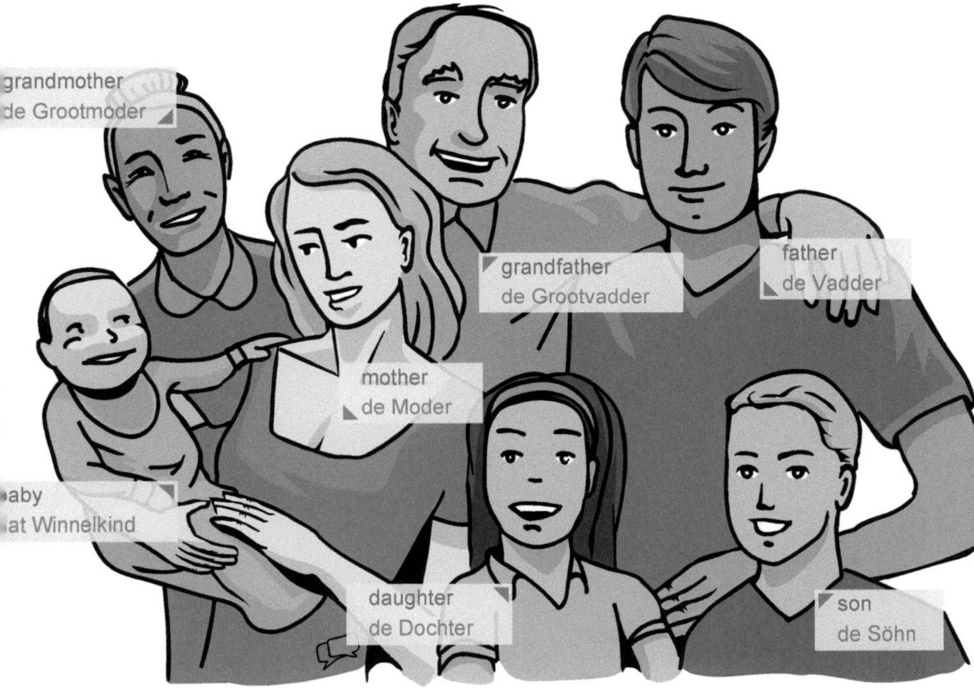
grandmother
de Grootmoder
grandfather
de Grootvadder
father
de Vadder
mother
de Moder
aby
at Winnelkind
daughter
de Dochter
son
de Söhn

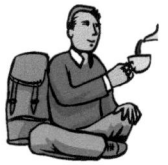

guest

de Gast

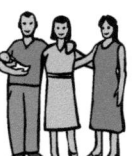

aunt

de Tant

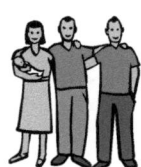

uncle

de Unkel

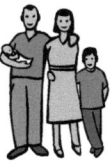

brother

de Broder

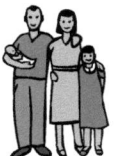

sister

de Süster

body

de Lief

forehead
de Vörkopp
eye
dat Oog
shoulder
de Schuller
finger
de Finger
face
dat Gesicht
chin
dat Kinn
hand
de Hand
leg
dat Been
breast
de Bost
arm
de Arm

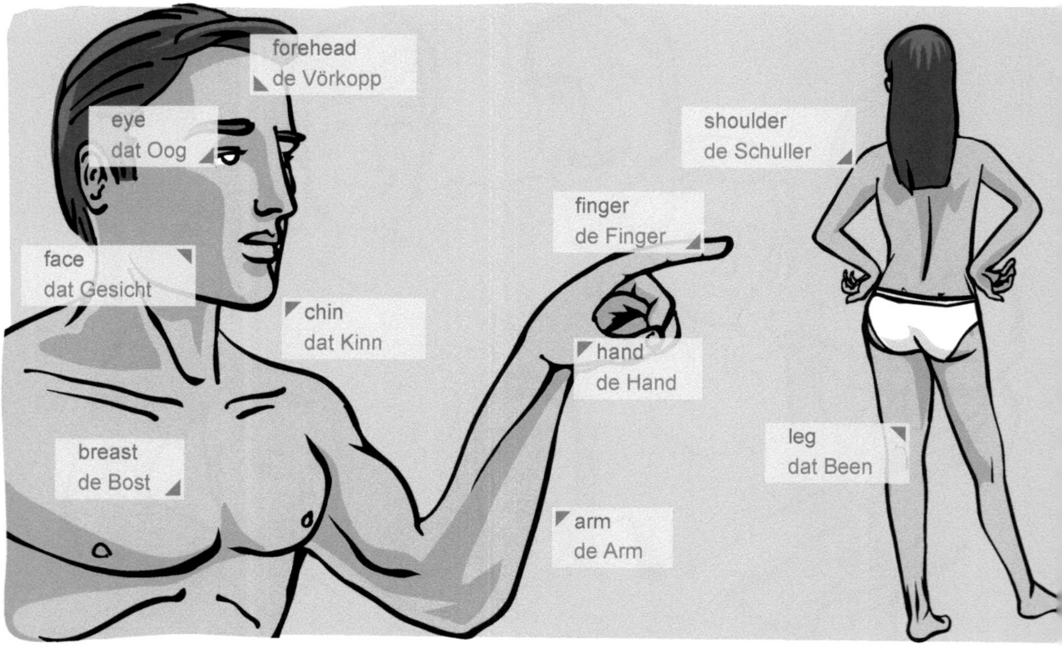

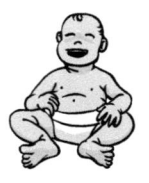

baby

dat Winnelkind

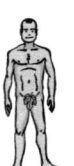

man

de Mann

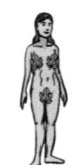

woman

de Fro

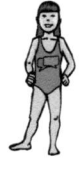

girl

de Deern

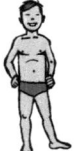

boy

de Jung

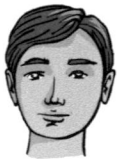

head

de Arm

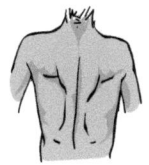

back

de Rüch

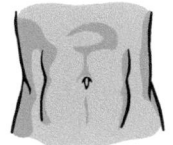

belly

de Buuk

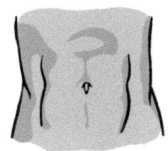

belly button

de Navel

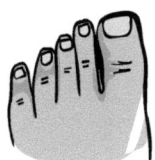

toe

de Teh

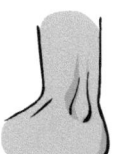

heel

de Hack

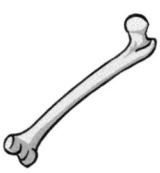

bone

de Knaken

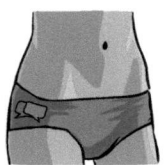

hip

de Hüft

knee

dat Knee

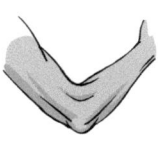

elbow

de Ellbagen

nose

de Nees

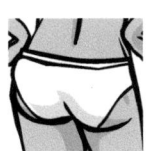

bottom

de Achtersen

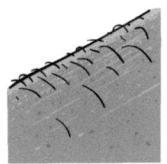

skin

de Huut

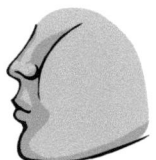

cheek

de Back

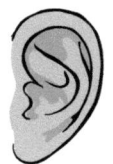

ear

dat Ohr

lip

de Lipp

mouth

de Mund

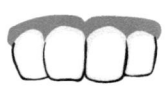

tooth

de Tähn

tongue

de Tung

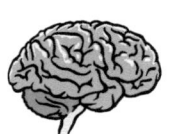

brain

de Bregen

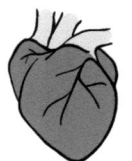

heart

dat Hart

muscle

de Muskel

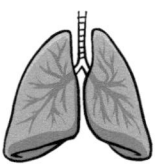

lung

de Lung

liver

de Lever

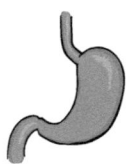

stomach

de Maag

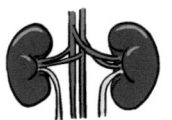

kidneys

de Neren

sex

de Bislaap

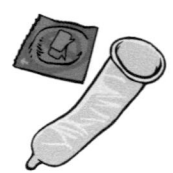

condom

dat Kondoom

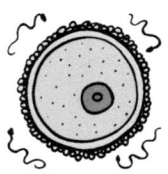

ovum

de Eizell

semen

dat Sperma

pregnancy

de Anner Ümstänn

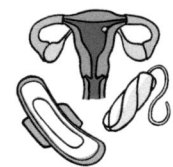

menstruation

de Menstruatschoon

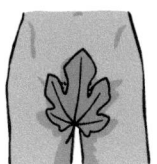

vagina

de Scheed

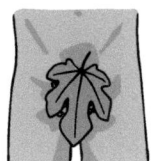

penis

de Pint

eyebrow

de Ogenbroe

hair

dat Hoor

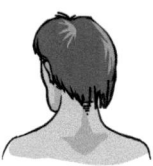

neck

de Hals

hospital

dat Krankenhuus

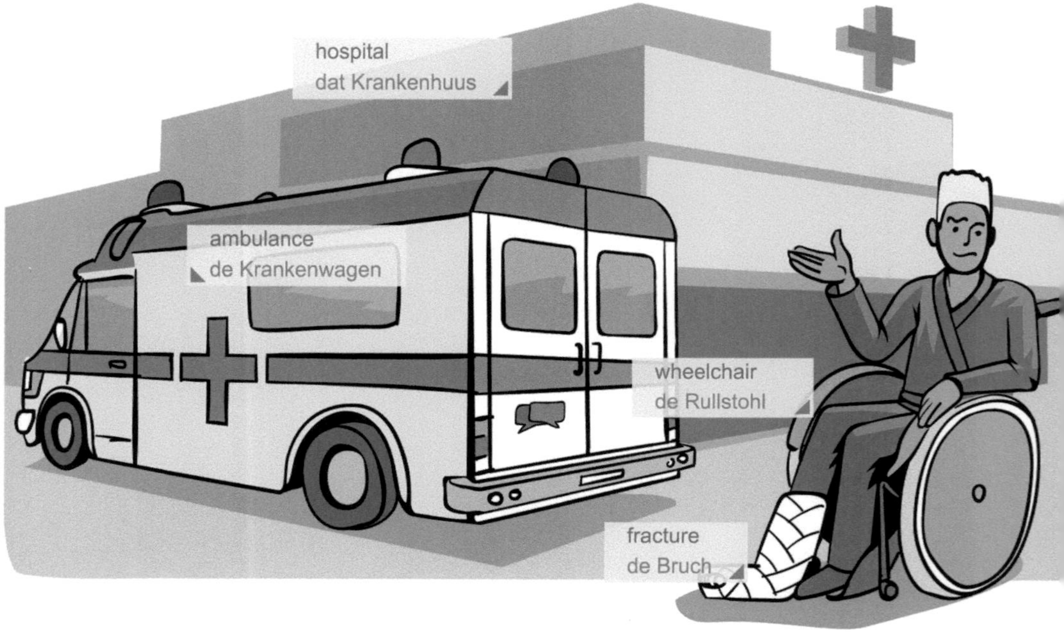

hospital
dat Krankenhuus
ambulance
de Krankenwagen
wheelchair
de Rullstohl
fracture
de Bruch

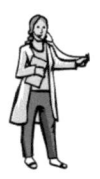

doctor

de Dokter

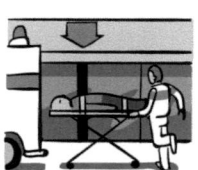

emergency room

de Nootopnahm

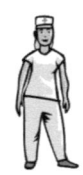

nurse

de Krankensüster

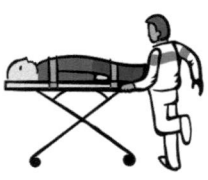

emergency

de Nootfall

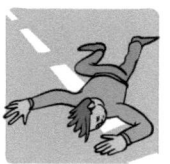

unconscious

ahnmächtig

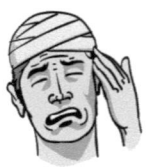

pain

de Wehdaag

injury

de Verwunnen

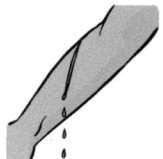

bleeding

de Blöden

heart attack

de Hartinfarkt

stroke

de Slaganfall

allergy

de Allergie

cough

de Hoosten

fever

dat Fever

flu

de Gripp

diarrhoea

de Dörchfall

headache

de Koppwehdaag

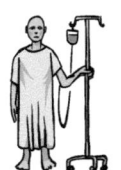

cancer

de Kreeft

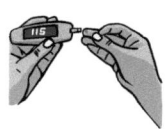

diabetes

de Zuckersüük

surgeon

de Chirurg

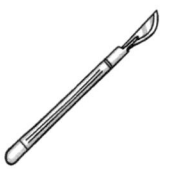

scalpel

dat Chirurgsch Mess

operation

de Operatschoon

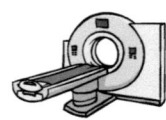

CT

dat CT

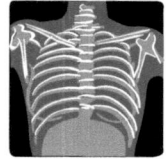

x-ray

de Dörchlüchten

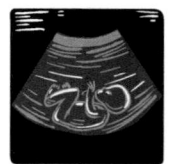

ultrasound

de Ultraschall

face mask

de Mask

disease

de Krankheit

waiting room

de Töövruum

crutch

de Krück

plaster

dat Plaaster

bandage

de Verband

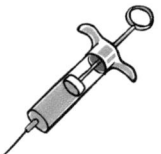

injection

de Insprütten

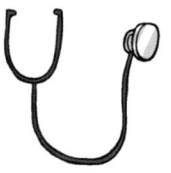

stethoscope

dat Stethoskop

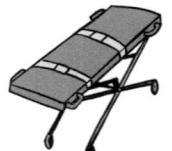

stretcher

de Draag

clinical thermometer

dat Feverthermometer

birth

de Geboort

overweight

dat Övergewicht

hospital - dat Krankenhuus

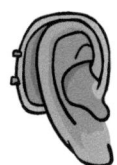

hearing aid

de Höörapparat

disinfectant

dat Kiemfriemiddel

infection

de Ansteken

virus

de Virus

HIV / AIDS

dat HIV / AIDS

medicine

dat Heelmiddel

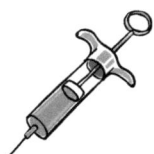

vaccination

de Impen

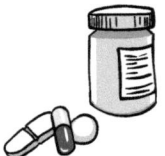

tablets

de Tabletten

pill

de Pill

emergency call

de Nootroop

blood pressure monitor

de Blootdruck-Meter

ill / healthy

krank / gesund

Help!

Hölp!

alarm

de Alarm

assault

de Överfall

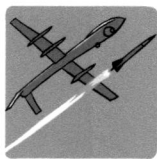

attack

de Angreep

danger

de Gefohr

emergency exit

de Nootutgang

Fire!

dat Füer!

fire extinguisher

de Füerlöscher

accident

de Unfall

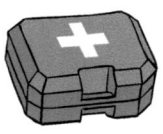

first-aid kit

de Noothölpkoffer

SOS

SOS

police

de Polizei

Europe

Europa

North America

Noordamerika

South America

Süüdamerika

Africa

Afrika

Asia

Asien

Australia

Australien

Atlantic

de Atlantik

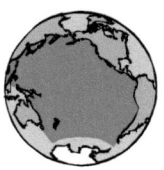

Pacific

de Pazifik

Indian Ocean

dat Indisch Weltmeer

Antarctic Ocean

dat Antarktisch Weltmeer

Arctic Ocean

dat Arktisch Weltmeer

North Pole

de Noordpol

South Pole

de Süüdpol

Antarctica

de Antarktis

Earth

de Eerd

land

dat Land

sea

de See

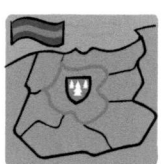

island

dat Eiland

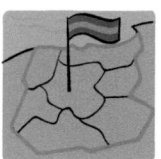

nation

de Natschoon

state

de Staat

clock face

dat Tallenblatt

hour hand

de Stunnenwieser

minute hand

de Minutenwieser

second hand

de Sekunnenwieser

What time is it?

Wo laat is dat?

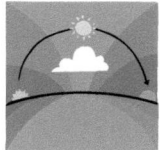

day

de Dag

time

de Tiet

now

nu

digital watch

de digetaalsch Klock

minute

de Minuut

hour

de Stunn

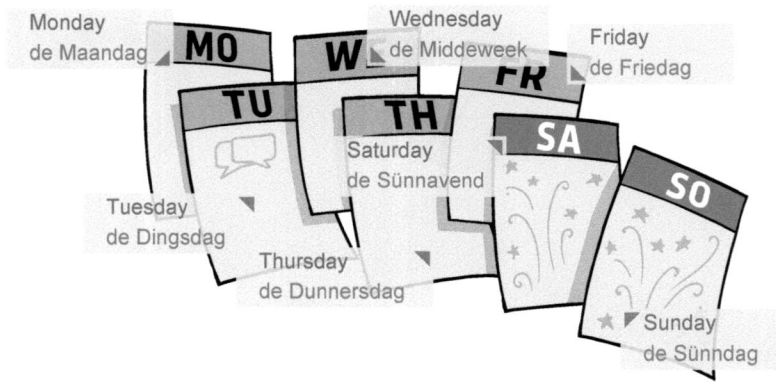

Monday
de Maandag

Wednesday
de Middeweek

Friday
de Friedag

Tuesday
de Dingsdag

Saturday
de Sünnavend

Thursday
de Dunnersdag

Sunday
de Sünndag

yesterday

güstern

today

hüüt

tomorrow

morgen

morning

de Morgen

noon

de Meddag

evening

de Avend

business days

de Arbeitsdaag

weekend

dat Wekenenn

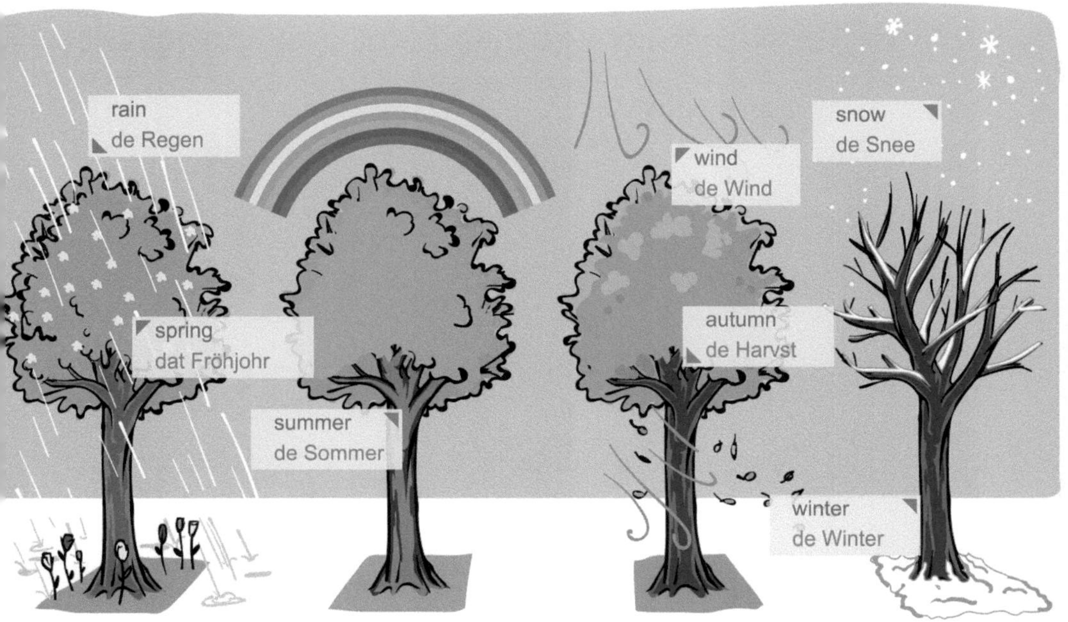

rain
de Regen
spring
dat Fröhjohr
summer
de Sommer
wind
de Wind
autumn
de Harvst
snow
de Snee
winter
de Winter

4.APRIL 11°
5.APRIL 4°
6.APRIL 13°
7.APRIL 8°
8.APRIL 10°

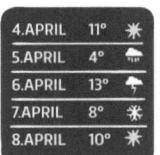

weather forecast
de Wedervörhersaag

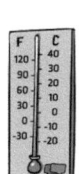

thermometer
dat Thermometer

sunshine
de Sünnenschien

cloud
de Wulk

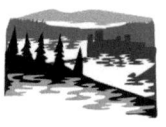

fog
de Nevel

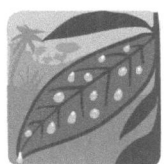

humidity
de Luftfuchtigkeit

lightning

de Blitz

thunder

de Dunner

storm

de Storm

hail

de Hagel

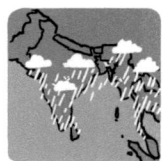

monsoon

de Monsun

flood

de Floot

ice

dat Ies

January

de Januormaand

February

de Februormaand

March

de Martmaand

April

de Aprilmaand

May

de Maimaand

June

de Junimaand

July

de Julimaand

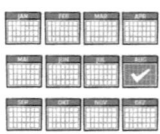

August

de Augustmaand

year - dat Johr

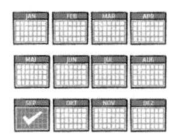

September
de Septembermaand

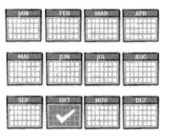

October
de Oktobermaand

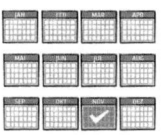

November
de Novembermaand

December
de Dezembermaand

shapes

de Formen

circle
de Krink

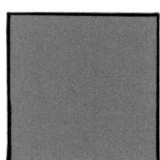

square
dat Quadrat

rectangle
dat Rechteck

triangle
dat Dreeeck

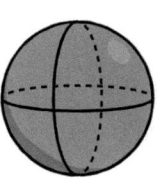

sphere
de Kugel

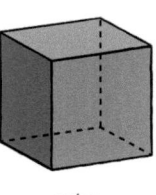

cube
de Wörpel

white

witt

yellow

geel

orange

orangsch

pink

pink

red

root

purple

lila

blue

blau

green

gröön

brown

bruun

grey

gries

black

swart

a lot / a little
....
veel / wenig

angry / calm
....
böös / verdreeglich

beautiful / ugly
....
smuck / mies

beginning / end
....
de Begünn / dat Enn

big / small
....
groot / lütt

bright / dark
....
hell / düüster

brother / sister
....
de Broder / de Süster

clean / dirty
....
schier / schietig

complete / incomplete
....
kumpleet / nich kumpleet

day / night
....
de Dag / de Nacht

dead / alive
....
doot / lebennig

wide / narrow
....
breet / small

edible / inedible
geneetbor / nich geneetbor

evil / kind
böös / fründlich

excited / bored
fickerig / langwielt

fat / thin
dick / dünn

first / last
toeerst / toletzt

friend / enemy
de Fründ / de Fiend

full / empty
vull / leddig

hard / soft
hart / week

heavy / light
swoor / licht

hunger / thirst
de Smacht / de Döst

ill / healthy
krank / gesund

illegal / legal
nich na't Recht / na't Recht

intelligent / stupid
klook / dummerhaftig

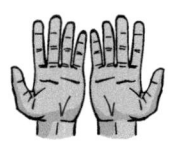
left / right
linkerhand / rechterhand

near / far
neeg / feern

new / used
nieg / bruukt

nothing / something
nix / wat

old / young
oolt / jung

on / off
an / ut

open / closed
apen / slaten

quiet / loud
lies / luut

rich / poor
riek / arm

right / wrong
richtig / verkehrt

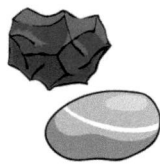

rough / smooth
ruug / glatt

sad / happy
trurig / glücklich

short / long
kort / lang

slow / fast
suutje / flink

wet / dry
natt / dröög

warm / cool
warm / köhl

war / peace
de Krieg / de Freden

0

zero

null

1

one

een

2

two

twee

3

three

dree

4

four

veer

5

five

fief

6

six

söss

7

seven

söven

8

eight

acht

9

nine

negen

10

ten

teihn

11

eleven

ölven

12

twelve

twölf

13

thirteen

dörteihn

14

fourteen

veerteihn

15

fifteen

föffteihn

16

sixteen

sössteihn

17

seventeen

söventeihn

18

eighteen

achtteihn

19

nineteen

negenteihn

20

twenty

twintig

100

hundred

hunnert

1.000

thousand

dusend

1.000.000

million

million

English
dat Engelsch

American English
dat Amerikaansch Engelsch

Chinese Mandarin
dat Chineesch Mandarin

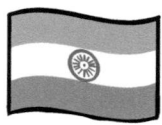

Hindi
dat Hindi

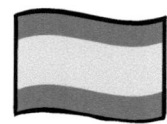

Spanish
dat Spaansch

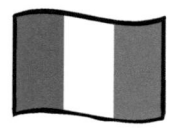

French
dat Franzöösch

Arabic
dat Araabsch

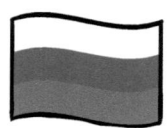

Russian
dat Rusch

Portuguese
dat Portugiesch

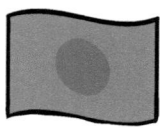

Bengali
dat Bengaalsch

German
dat Düütsch

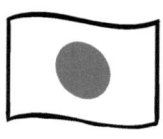

Japanese
dat Japaansch

I

ik

you

du

he / she / it

he / se / dat

we

wi

you

ji

they

se

who?

keen?

what?

wat?

how?

woans?

where?

woneem?

when?

wannehr?

name

de Naam

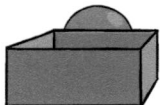

behind

achter

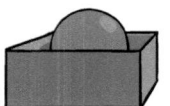

in

in

in front of

vör

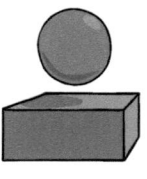

over

över

on

op

under

ünner

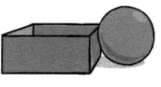

beside

blangen

between

twüschen

place

de Oort